Made with ❤ on the BookLeaf Publishing Platform
www.bookleafpub.in
www.bookleafpub.com

Dedication

प्रस्तुत काव्य-संग्रह उन बच्चों व युवाओं को समर्पित है, जो आने वाले कल का भविष्य हैं।

Preface

जैसा कि कहा जाता है कि कविताएँ लिखी नहीं जातीं बल्कि लिख जाती हैं, ऐसा ही मेरे साथ हुआ। किशोरावस्था में जब मैं पढ़ाई के लिए बैठता तो कविताएँ खुद-ब-खुद आनी शुरू हो जाती थीं, जो शनैः-शनैः मेरी आदत में शुमार हो गईं। कविताओं का क,ख,ग पता न होने के बावजूद कलम उनको शब्दों में ढालता रहा।

प्रस्तुत रचनाएँ एक लंबी अवधि के दौरान छुट-पुट रूप से लिखी गई हैं। इसलिए इसमें समय विशेष की स्पष्ट छाप देखने को मिलेगी। इसमें बाल्य-गीत, गीत, नवगीत, नई कविता, दोहा, कुंडलिनी, कुंडलिया आदि शामिल हैं। एक अवधि-अंतराल विशेष और भावना प्रधान होने के कारण अधिक फेरबदल न कर पाते हुए, इसको जस की तस रखने की कोशिश की है।

मेरा मानना है कि रचनाएँ खुद अपनी पहचान होती हैं। उनकी पहचान बताने के लिए किसी बैसाखी की जरूरत नहीं होती।

और अंत में मैं क्षमा प्रार्थी रहूँगा उनसे, जिनकी भी भावनाएँ मेरी किसी रचना से आहत होती है।

धन्यवाद सहित,
आपका

अनिल कुमार 'जयज'

Acknowledgements

आभारी हूँ 'बुक लीफ पब्लिशिंग' का जिनके प्रयासों से मेरी रचनाओं का प्रकाशन संभव हो सका है।

1. हे देश !

हे देश ! तुम्हारे कण-कण से ही बना हमारा ये जीवन,
तुमको अर्पित मैं करता हूँ, ये देह, आत्मा और ये मन।

हो तुम जननी भारत माता, हम सब जन हैं बालक तेरे,
तेरी ही गोद में पले-बढ़े, तुम ही शाम-सवेरे मेरे।
तेरा अन्न ही मेरी काया है, है खून हमारा तेरा जल,
जो साँस महकती है मुझमें, जीता हूँ जिससे मैं पल-पल।
अरि कोई नहीं छू पाएगा, माँ मेरे रहते तेरा तन।

उपकार तेरा ये मुझपे है, जो तूने मुझको जनम दिया,
अपनी प्यारी ममता से जो, तुमने है मुझको धन्य किया।
कुछ भी चाहे हो जाए मगर, अब छूटेगा न दर तेरा,
तेरी ही चरणों में होगा, जब भी चाहोगी सर मेरा।
है तुझसे ही मेरा बसंत और तू ही है मेरा सावन।

2. सबका यहीं बसेरा है

क्या तेरा, क्या मेरा है, सबका यहीं बसेरा है,
धरती ही है माँ हम सब की, एक हवा ने घेरा है।

यह दुनिया है एक समंदर, हम सब हैं बूँदें बस जल की,
सदा-सदा से चला आ रहा, ये बातें न आज या कल की,
शाम सुहानी है हम सब की, सबका मस्त सवेरा है।

इक धरती इक जैसे हम सब, इक जैसी ही साँस महकती,
इक सा कतरा बहता सबमें, इक जैसी ही आग दहकती,
एक जैसी ही रूह है बसती, मैं तुझमें तू मेरा है।

अफवाहों न कोई हवा दो, नफरत की दीवार ढहा दो,
शांति, प्यार की नेक दवा दो, दया-धर्म की नदी बहा दो,
औरों का संताप हरे जो, उस दिल खुदा बसेरा है।

3. एक नया संसार

आओ मिलकर सभी बनाएँ, एक नया संसार,
हँसी-खुशी घर-आँगन चहके, महके कारोबार।

धर्म-जाति के नाम दिलों में नफरत भरा हुआ,
संवेदना, दया-धर्म मानव में मरा हुआ,
बाहर से मन ढीठ दिखे, अंदर से डरा हुआ।
नफरत की हर जगह जीत है, मानवता की हार।

इक जैसा ही रंग-रूप है, इक जैसा ही खून,
इक जैसे ही सुख-दुख सबके, इक से ही जुनून,
इक जैसे ही दर्द-कष्ट औ', इक जैसे सुकून।
इक जैसा ही रहन-सहन औ', चिंता घर-परिवार।

ये ऊँच-नीच का दीमक ही, मानवता चाट गया,
जाने कहाँ से मजहब आ के सबको बाँट गया,
अलग-अलग मजहब ये कितने मानव काट गया।
कट्टरता उन्माद नहीं हो, हो आपस में प्यार।

स्वर्ग कहाँ व नर्क कहाँ है कोई जान न पाया,
जो भी गया लौट के वापस कभी नहीं है आया,
जैसा कर्म किया मानव ने फल वैसा ही पाया।
अपने को जो बड़ा बताए, मनुज है वो बेकार।

4. जय जवान-विज्ञान-किसान

जय जवान-विज्ञान-किसान, यह अपना प्यारा नारा है,
शांति-अहिंसा-प्रेम-त्याग-बलिदान का मंत्र हमारा है।

जिसकी सोंधी पावन मिट्टी, नदियाँ जिनकी अमृत हैं,
लद्दाख से ले गुजरात, मिजो, केरल तक स्वर्ग सी सूरत है,
जिसका हर घर मंदिर, मस्जिद, चर्च और गुरुद्वारा है।

जिससे जगमग जहाँ है मेरा, है वो बस तेरी बाती,
अपना क्या मेरा जीवन तो है बस तेरी ही थाती,
बापू, सुभाष, अशफाक, भगत की मुझ में खून की धारा है।

प्रेम रूप सद्भाव सहज ही जन चेतन में रहता है,
पंथों का अमृत रिसाव भी भाव रूप सम बहता है,
संपूर्ण धरा है मात हमारी, कुटुंबकम भी सारा है।

5. मैं इतना आसान नहीं

मैं इतना आसान नहीं, जितना कि तुमको दिखता हूँ,
मैं कोई सामान नहीं, जिसको सोचो कि बिकता हूँ।

मन आए तो बह जाऊँ दरिया की कोमल बाहों में,
मन आए तो जल जाऊँ जो धूप पुकारे राहों में।
जो धरती बोले मुझसे तो पेड़ उगाऊँ छाती पर,
धरती का अपमान करे तो लहू लगा लूँ माथे पर।
स्वाभिमान की बात जहाँ हो, जान हाथ पर रखता हूँ।

मैं हूँ कमजोर लाचार, यह भ्रम अपने मन पालो ना,
शक-सुबहा यदि बनती हो, तो आओ आजमा लो ना।
पत्थर, शूल, फौलाद, अग्नि मेरे शरीर में बसते हैं,
साहस, कर्तव्य, सत्य, बलिदान, दया, धर्म सर रहते हैं।
ठहरूँ कहाँ औ' चलूँ किधर, जो वक्त कहे वह करता हूँ।

धरती ने ताकत दी है, कूदूँ तो मैं नभ को छू लूँ,
मैं चाहूँ तो अपने संग में, ये लू और तूफाँ ले लूँ।
नाप जगत लूँ पल भर में, मेरा मन इतना चंचल है,
मैं शांत और सरल भी हूँ, धरती के गर्भ सा हलचल है।
पिघला तो दूँ मैं पत्थर को, रखता हूँ दम ये कहता हूँ।

आसान यही है डरता हूँ, कोई मुझको भरमाए ना,
दिल अपना खुल्ला रखता हूँ, कोई चुपके से आए ना।
शत्रु अगर मुझको ललकारे, दे टक्कर कर दूँ लाचार,
प्रेम-पाश से डरता हूँ जब, शक्ति भी हो जाती बेकार।
धरा की गोद में सर को रख, सच्ची बातें बस कहता हूँ।

6. दो फूलों की सुंदर क्यारी

सुख से जीवन बितलाएँ सब, जीवों का है एक गवेषण,
किसी चीज की कमी रहे न, हो सुख-समृद्धि जीवन यापन।

इस दो पैर के मानव ने बस एक बड़ी गल्ती कर दी,
कुछ जानबूझ कुछ गलती से अपनी संख्या अरबों कर दी।

बच्चे यूँ तो बेसुमार हुए, दो-चार गए बीमार हुए,
माता की तो हालत बिगड़ी, और डॉक्टर भी दुश्वार हुए।

न पढ़ पाए, न लिख पाए, न स्वस्थ-सबल बन पाए वो,
मातृ-पिता पर भार बने जीवन दुखमय कर आए वो।

हर जगह हुई हालत ऐसी न किसी को कोई काम मिला,
एक जगह के पीछे यों भी तो कई-कई सौ उम्मीदवार मिला।

कोई चोर हुआ, बदमाश हुआ, पहले तो घर का नाश हुआ,
जब खाने को कुछ मिला नहीं न काम कहीं तलाश हुआ।

सब बने निठल्ले घूम रहे यह हालत सारे देश की है,
हम किसको दोषी ठहराएँ, यह गलती तो परिवेश की है।

इसलिए सभी मिल ये सोचें, ये भूल बहुत ही है भारी,
न शिक्षा, स्वास्थ्य, न रहन-सहन, भूखों मरने की लाचारी।

जैसे सारे तारे मिलकर, न देते सूरज सा प्रकाश,
वैसे ही एक सूरज से ही, जग में होएगी नाम की आश।

फिर भूख न होगी लाचारी, न रहने का दुख बेकारी,
दो फूलों की सुंदर क्यारी, होगी हरी-भरी प्यारी-न्यारी।

7. कभी न मानो हार

कायरता मानव जीवन को, कर देती बेकार,
पहचानो निज ताकत अपनी, कभी न मानो हार।

जो बिखेरे काँटे कदमों, उसके पद में शूल,
करनी का फल मिलता ही है, कहीं न जाना भूल,
ध्यान सदा रखना ही होगा, बात न पकड़े तूल,
जीना औ' जीने देना ही, हो मानव का मूल,
मानवता सर्वोपरि है तो, हो जीवों से प्यार।

गर समाज में रहना है तो, बनिए सजग प्रहरी,
झूठी बातें दुनिया सुनती, सच के लिए है बहरी,
नित्य बुहारों-माँजो इसको, जड़ बहुत ही ठहरी,
रात कटीली कट जाए तो, होए सुबह सुनहरी,
छल-प्रपंच, स्वार्थ, चोरी का, न होए व्यापार।

8. तुम ऐसे न सरल बनो

उन्हें डराती है दुनिया, जो लड़ते-भिड़ते हैं कम,
और जो हैं कमजोर, लाचार, डूबे हुए हैं अपने गम।

नहीं छेड़ता कोई ततैया, न ही पागल कुत्ते को,
न ही छेड़ता नाग को कोई, नागफनी के पत्ते को।
न ही छेड़ते उदंड नेता या भरे हुए कट्टे को,
नहीं छेड़ते बिच्छू को हैं, न किसी भी छुट्टे को।
बस छेड़ते हैं केंचुए को जिसमें न हड्डी न दम।

जो अच्छे कर्मों को करते वही सताए जाते हैं,
देश भक्ति की बातें करते बुरे बताए जाते हैं।
सरल और विष-हीन जो होते हैं वे खाए जाते हैं,
सीधे सच्चे लोग ही ज्यादा जेल में पाए जाते हैं।
पैर खींचता है जग उनका जो आगे बढ़ते हरदम।

यदि रहना है इस जग में, तो न तुम ऐसे सरल बनो,
अपनी रक्षा करनी है तो काँटे, शूल और गरल बनो।
यू पत्थर, फौलाद बनो कि कर पाए न कोई तंग,
बने रहो यूँ स्वच्छ नीर कि लगा न पाए कोई जंग।
डटे रहो ही सच्चाई पर चाहे गोली चले या बम।

9. तुझको प्रणाम

यदि हर ले सबका भेदभाव, यदि दे दे सबको प्रेम-राग,
कर दे सबका जीवन सुखमय, सबमें खुशियाँ-खुशियाँ भर दे,
तो हे जगत के पालनहार, तुझको प्रणाम-तुझको प्रणाम।

कुछ अपना नहीं सब तेरा है, यह समय बिंदु सवेरा है,
यह रात है शीत की पाती सी, सूरज पे जग का घेरा है।
तू नील गगन की छाँवों में, हरियल व सघन वन राहों में,
तू गिरि निकल जल की कल-कल, धरती की सुंदर बाहों में।

तू बसी हुई रग-रग में है, तू बसी हुई सारे जग में,
जीवन क्योंकर चलता ऐसा, यदि होती न मेरे संग में।
तू फूलों की खुशबू में है, तू कोयल में, बुलबुल में है,
तू ही सूरज की शीत किरण, तू समय की हर इक पल में है।

तू है बहती बन स्वच्छ समीर और तू ही हरियल पाती में,
धरती की तू सोंधी महक, तू धड़क रही है छाती में।
तू है जीवन के जीतों में, तू है जीवन के हारों में,
तू सब जीवों में रची-बसी, तू ही है चाँद-तारों में।

कर दूर सारा भेदभाव, कर दूर सारी जाति-पात,
भर दे सब में सत्य का प्रकाश, कर जीवन का फिर से विन्यास।
कर दे सबका सुंदर चितवन, कर दे सबका महके उपवन,
यदि ले हर तू सबका संताप, यदि दे सबको अपना प्रताप।
तो हे जगत के जीवन संचार, तुझको प्रणाम-तुझको प्रणाम।

10. यही क्या तेरी माया है?

तुमने पैदा किया आतंक, आतंकवादी बनवाया है,
जो भी मरे बम-गोली से उस पर तेरा साया है।

यह मत समझ कि मरते हैं जो वापस में सब लड़-भिड़ के,
औरों की ज्यादती, बेईमानी, भ्रष्टाचार में दब-दब के।
कितनों ही जुल्मों, वाहिशियाना कत्लो-खून में बह-बह के,
चुप है, खुश है, दुखी है, जो भी, तू भी लहू नहाया है।

ऊँच-नीच और जाति-पात, ये मेरा-तेरा क्योंकर है,
धर्मों से धर्म का लड़ जाना यह भी होता अक्सर है।
धर्म नहीं यह गुटबाजी है, ऐसा अब तो हर घर है,
इतने सारे मजहब तूने क्यों धरती पहुँचाया है?

यदि सत्य यही है, भाव यही तो नहीं चाहिए यूँ भगवान,
ज्यादातर हैं भूखों मरते थोड़े से ही हैं धनवान।
देव, दानव और मानव जब सब ही हैं तेरी संतान,
आपस में सबको लड़वाना यही क्या तेरी माया है?

यदि तेरा अस्तित्व कहीं है ध्वस्त कर दे मजहब सारे,
और बना भगवान नया धरती और सूरज-चाँद-तारे।
प्यार, दया, तप, त्याग और ममता ही हों उपदेश प्यारे,
जितने धरती जीव-जंतु हैं सब में तेरी काया है।

11. भलाई कीजिए

कोई करें बुराई तो भलाई कीजिए,
कोई लड़े भी लाख न लड़ाई कीजिए।

दुनिया है जीवटों की न डरने से फायदा,
है वक्त बेवफा कभी करना न वायदा।
गम और हसरतों को भी रखना परे-परे,
दुनिया की चाहतों में है फँसे बड़े-बड़े।
दुनिया में खुश है रहना अच्छाई कीजिए।

झुकना नहीं कभी गर अन्याय हो कहीं,
कर्तव्य सबसे बढ़कर डटना तुम बस वहीं।
हो मार्ग यदि कठिन तो गिरकर भी संभलना,
सच्चाइयों के मार्ग से कभी न फिसलना।
होने लगे मन गंदा तो सफाई कीजिए।

खुद ही नहीं है उठना औरों को उठाना,
अच्छाइयों का मार्ग ही है सबको दिखाना।
करना तो भलाई न एहसान समझना,
कोई तुम्हें न माने न अपमान समझना।
दुख-भाग्य बदल जाए यूँ कमाई कीजिए।

12. जब जागे तब भोर

मुस्कानों संग मुस्कानें और अंदर से घनघोर।

न चक्षु संभले न जिभ्या पर, कर पाए अधिकार,
पग ढोते अपने अन्तर का, क्या पाते आधार,
झुके न सर कैसे पैठा उर, ये माया संसार।
पल के गुह्य में उलझे तो, न मिलता मन का छोर।

झिलमिल-जगमग रंगों बहती, ललचाती ललचाय,
चमकीले रंगों से कब तक, अपना अंग बचाय,
अनसुलझे से उलझन में है, सुलझे को उलझाय।
तन खेवे पुरवइया उल्टा, हर्षाए मन चोर।

ज्ञान-सखा बन ज्योति जले तो, मिथ्या ये संसार,
आत्म-रंग हृदय में भड़के, भागे जड़ अहंकार,
जनम-मरण का भेद मिटे तो, मिले ब्रह्म साकार।
पड़ा अकेला सोचे चेतन, जब जागे तब भोर।

13. भूल-भुलैया जीवन में

भूल-भुलैया जीवन में जितना न खोया कम है।

कुछ रहा स्वप्न में ही खोया,
कुछ रहा मैं मन में ही बोया,
कुछ पल ठहर कर भी रोया,
इस अनछुए व्यथित मन ने जितना न डुबोया कम है।

रे! दुख अब तू चला कहाँ,
सुख को न बना पाऊँगा सगा,
यह भाग्य नहीं दुर्भाग्य जगा,
सुख मेरे मन आँगन में जितना न रोया कम है।

14. मैं क्यों बोलूँ

सब कुछ परिचित न अपरिचित, मैं क्यों बोलूँ।

पग-पग पर है तप्त मरुस्थल,
है घट पर कुछ न कुछ हलचल,
हवा सघन कुछ है मन चंचल,
बादल कुछ न कुछ है हर पल।
नीड़ नहीं मैं क्यों सो लूँ, मैं क्यों बोलूँ।

है सप्त बना फल का उगना,
जब बीज नहीं फिर क्या पकना,
आसान नहीं लय का बचना,
इस भीड़ में भी किसे रुकना।
अब मन की व्यथा क्यों खोलूँ, मैं क्यों बोलूँ।

एक दुख की लय हैं कीर्तन,
किस डोर बँधा जाने जीवन,
काँटे औ' फूल न किस उपवन,
अब राह न भटके अपना मन।
मैं भाव पकड़कर क्यों डोलूँ, मैं क्यों बोलूँ।

15. छोड़ मन संवेदनाएँ

छोड़ मन संवेदनाएँ, ये बनाती हैं महल,
दर्दों-दुखों का पिटारा, जो कुरेदे दिल को हर पल।

जो बहा तू प्रेम में तो, प्रेम तुझको तोड़ देगा,
हो करुण थर्राएगा तू, खुशियों से मुँह मोड़ देगा,
एक पल के लिए ही सही, रब भी तुझको छोड़ देगा।
उठ झुका न शीश तू यूँ, छोड़ कि होगा अब क्या कल।

जो रुधिर थमने लगा तो, थमने न देगीं व्यथाएँ,
जो कहीं मन में जमी हैं, फिर वे पिघलेंगी सदाएँ,
है नहीं कोई दवा जो, रोक पाए फिर ये आहें।
हर घड़ी परिवर्तन होना, मुस्कुरा के अब संभल।

16. अहसास दिलों में लाश हुई

नागफनी भी आज है उदास हुई,
मानवता अब राजनीति की दास हुई।

जिन्दगी रोती, बिलखती सोई है,
तृण-तृण जल गया न बचा कोई है।
टेबलों पर सज चुका ईमान है,
नैतिकता की बातें अब बकवास हुई।

लूटो-खाओ, मौज मनाओ, ऐश है,
संस्कृति को खोता हमारा देश है।
जिसको भी टटोलो सब हैवान हैं,
मूल्यों की बातें अब परिहास हुईं।

गलियों में हैं बिलखती आत्माएँ,
तंग हुए रास्ते अब कहाँ जाएँ।
अधर में अटकी हुई ये जान है,
अहसास भी दिलों में अब लाश हुई।

17. होली

बजने को तैयार खड़ी है, मत रोको शहनाई को,
तुम भी गाओ हम भी गाएँ, गीत भरी रानाई को।

फागुन का मौसम आया है, टेसू के अब फूल खिले,
जिनको ना मिलना था अबतक, वो भी आके गले मिले।
होली के रंग सा रंग डालो, मौन-व्रत तरुणाई को।

हँसी-खुशी का यह त्योहार, मनता धूम मनाने से,
पकवानों के संग में गुझिया, खाने और खिलाने से।
रंग-बिरंगे फूल मिलाकर, उबटन मलती भाई को।

प्रेम-रंग में रंगी है दुनिया, झूम रही है हमजोली,
दुश्मन को भी मित्र बनाए, होती है ऐसी होली।
मिल गले स्वागत कर डालो, बदलो प्रेम लड़ाई को।

लोगों जैसी चीज फरेबी, सोच शुद्धता का सपना,
खोया, खोया रंग अजनबी, लगता है झूठा सपना।
त्योहारों में दाम उछलते, रोना क्या मँहगाई को।

18. होते रंग हजार

हरे-गुलाबी-नीले-पीले, सिर्फ नहीं ये चार,
प्यार के रंग में रंगी है होली, होते रंग हजार।

ममत्व रंग में रंगी है माता, फर्ज रंग में बाप,
प्रेम रंग सराबोर है हृदय, जिसमें बसते आप।
जहाँ मिलें ये रंग ही सारे, बहे अमृत की धार।

पंछी के कलरव में गूँजे, एकत्व का शंखनाद,
वनस्पति लहके हरियाली, कल-कल नदी निनाद।
मिट्टी की खुशबू में लिपटी बहती मस्त बयार।

रंग नहीं तेरा-मेरा का, अपनत्व का बस भाव,
इक-दूजे में देखें खुद को सच्चा तभी लगाव।
खुशियों के दिन चार ही बस हैं, बाकी है बेकार।

19. घना शजर

जीवन है ये सतरंगी, क्योंकि तू हमसफर है,
मैं जिससे चहकता हूँ, वो मेरा तू रहबर है ।

तू है चमन की खुशबू, फूलों का नूर तू है,
गम की दवा है तू ही, दिल का सुरूर तू है।
जो रंग है फिजा में, वो तेरा ही असर है ।

मेरे गमों की सिलवट, मेरे दुखों का बंडल,
जो भी फँसी जिगर है, मोटी बड़ी सी डंठल।
इन सबका तू निवारण करता है ये खबर है।

मेरी रंग-ए-मुहब्बत में घुलती चाशनी तू,
ममता, स्नेह, त्यागों से मिलकर है बनी तू।
हूँ जिसकी छाँव बैठा, तू वह घना शजर है।

20. नहीं निकल पाया

प्रेम का न कोई हल पाया,
बिना प्रेम न चल पाया।

प्यारा जो दिल को लगा वो,
दिल से नहीं निकल पाया।
जब से दिल तुझमें है डूबा,
दिल को सदा विकल पाया।

दिल में दुनिया भर की बातें,
दिल बेचारा करता क्या।
तुझको पाया, खोया तुझमें,
फिर तो नहीं सँभल पाया।

सो जाऊँ तो छवि तुम्हारी,
खुली आँखें बात तेरी।
भुला सकूँ तुझको जब दिल से,
कभी न ऐसा पल पाया।

21. देर हो जाती है अक्सर

देर हो जाती है अक्सर,
बसों और मेट्रो में फँसकर।

होता है लोगों का सघन मेला,
भीड़ में होकर भी रहता अकेला,
मैंने सारी रूटों में है झेला।
फँसी हुई मछली सी रहकर।

ऑफिस में रहता मेरा इंतजार,
काम जो बचे होते हैं हजार,
कर नहीं सकते कुछ भी इंकार।
जिंदगी कट रही फाइल में दबकर।

घर लौटते भी यही होता है,
रास्ते भर तन-मन रोता है,
घर आकर जयज' सिर्फ सोता है।
घर की उठा-पटकों से बचकर।

22. तैयारी कुछ करो ऐसी

तैयारी कुछ करो ऐसी जहाँ हैरान हो जाए,
तुम्हारा काम हो जाए, हमारा नाम हो जाए।

परीक्षा सर पे है आई न दिन व रात अब देखो,
तजो आलस औ' निद्रा को परिश्रम बात भी समझो।
लगा दो ध्यान अब सारा पढ़ाई में, लिखाई में,
करो ये काम कुछ ऐसा निशा में घाम हो जाए।

बड़ी किस्मत से पढ़ने के लिए स्कूल हैं मिलते,
पढ़ाने के लिए माँ-बाप जाने क्या-क्या हैं सहते।
जरा सोचो क्या बीतेगी, अच्छे नंबर न तू लाया,
कमाई खूँ-पसीने की सफल भी दाम हो जाए।

लिखो ऐसे कलम बोले जरा ठहरो मेरे भाई,
मुझे रगड़े हो कुछ ऐसे मेरी जाँ पे है बन आई।
परीक्षक भी कहे तुम से, परीक्षार्थी कहाँ का तू,
मिले नंबर तुझे इतना, जहाँ में नाम हो जाए।

23. आओ दिल में दीप जलाए

आओ दिल में दीप जलाए, दया-धर्म और प्यार,
खत्म करें दुनिया में फैला, नफरत, अत्याचार।

राग-द्वेष, अहंकार और लालच का सबमें शोर,
किसका पाएँ, कैसे लूटें सबके मन में चोर,
अहम् में डूबा उसकी टूटी, रूह-भगवन की डोर।
लूट-खसोट, स्वार्थ, बेईमानी मानव मन व्यापार।

मिला मनुज तन, मन व बुद्धि, आत्म और सम्मान,
मन, कर्म, वचन सदा शुद्ध रखना मत करना अपमान,
अपने जैसे सुख-दुख सबके खान-पान व ध्यान।
पाप-पुण्य कर्मों का लेखा है जीवन आधार।

24. अधर खिले मुस्कान

निर्मल, पवित्र नदियाँ सारी, स्वच्छ ही आसमान,
बीमारी अनुपात घटा है, स्वस्थ हुआ इंसान।

पेड़ों पे पंछी मुस्काए, हर्षित स्वर में गीत सुनाए,
राही दिल घर आए-जाए, थक-हारे छाया सुस्ताए।
गर्मी से बेहाल हुए पर, अधर खिले मुस्कान।

स्वच्छ हवा अर्जित अब हर शय, बना हुआ कोरोना का लय,
कम न होगा बीमारी भय, इसके संग ही जीना है तय।
अमृत तो अब बहुत छक लिए, करना विष का पान।

कहने को ये बीमारी है, ईश्वर की ये दोधारी है,
कोरोना सब पे भारी है, कलयुग की ही तैयारी है।
जीवों की हत्या करके जो, मनुज बना शैतान।

मानवता भी बह जाएगी, जनता सबकुछ सह जाएगी,
दुनिया यूँ न रह जाएगी, अर्थव्यवस्था ढह जाएगी।
अगर न सुधरे मांसाहारी, पिछड़ेगा इंसान।

जमा जिगर दुख बर्फ न टूटे, दर्द, निराशा कोई लूटे,
झूठे रिश्ते मोह न छूटे, रंग-बिरंगे मौत के बूटे।
सब कुछ मिलता कर्मों से है, चरणों दयानिधान।

25. नाता जोड़ो प्यार का

अगर-मगर की बातें छोड़ो, नाता जोड़ो प्यार का,
लाकडाउन का रूप निराला, वक्त नहीं तकरार का।

जिसमें पल हो साथ का, मिलना दिल के नाथ का,
बैठ हाथ ले हाथ का, मिले माथ से माथ का।
असर नहीं होने देना है, रिश्तों में दीवार का।

लूक हथौड़ा गाल पे, चिड़िया रोए डाल पे,
स्वेद सीकर भाल पे, गजब असर है चाल पे।
तड़पाती गर्मी है तो क्या, मौसम यही बहार का।

मदहोशी ये प्यार की, छुपे हुए इजहार की,
भूल चलो घर-बार की, बात सभी बेकार की।
खुशियाँ लहरें तभी मचलतीं, कष्ट न हो संसार का।

26. मित्र वही

प्रेम वही जिससे दुनिया के प्रति जगती आशा,
मित्र वही जिससे मिलकर न मन रहे प्यासा।

मित्र नहीं वह जिसके तन-मन से आती दुर्गंध,
देख के दौलत ललचाए बन जाए पंगु और अंध।
पग-पग पर समझाए और पग-पग दिखलाए पग,
आंख मूँद सो रहा मुसाफिर उसे झंझोड़े जग।
सुन नख-सिख, ब्रह्मांड बात बढ़ जाए जिज्ञासा।

धर्म-कर्म और नीति निदेशक हो इतना प्यारा,
एक तरफ जग रहे समाए उसमें जग सारा।
हो हौसला साहस की प्रतिमूर्ति, निर्विकार,
प्रेम, दया, तप, धैर्य का हो बढ़ता नित आकार।
भाई, बहन, पिता, दादा और ममता में माँ सा।

27. मत विहर इधर-उधर

जाए उड़ी बादरिया न जाने किधर-किधर,
बरस जा इधर ही मत विहर इधर-उधर।

प्यासा ज्यों जन्मों से तेरी फुहार का,
रिमझिम-रिमझिम प्यारी सी सावनी बहार का।
तपते मरुस्थल पर कुछ तो तू रहम कर,
कड़क मादकता में जाए तन सिहर-सिहर।

सब मर जाएँ न सूखा, भूख-प्यास है,
पेड़-पौधे, पशु-पक्षी, मानव मन उदास है।
आ पूरे यौवन में मत रह सहम कर,
अजरारे मेघों संग कुछ पल घहर-ठहर।

पीव-पीव करके मोर माँग रहे पानी,
मुरझाई धरती भी चाहे होना धानी।
बरस अविरल धार में, इतना न अहम् कर,
तड़प कुछ बूँदों की धैर्य टूटे निहर-निहर।

28. धन्यवाद कोरोना

घर वालों के संग रहने का,
वक्त मिला सुख-दुख कहने का।
मिटी थकावट देह की सारी,
मिला रात और दिन का सोना।

मिला वक्त बंदी के भेष में,
प्रदूषण कम हुआ देश में।
नदियाँ भी सब स्वच्छ हो गयीं,
आक्सीजन भी हुआ सलोना।

गद्दारों का पता चल गया,
आततायी छिपा मिल गया।
धर्म की आड़ में चाहा था जो,
इज्जत मुलुक डुबोना।

मांसाहारी सभी फँस गए,
शाकाहारी बचे रह गए।
गर अत्याचार बढ़ा जीवों तो,
फिर-फिर यही है होना।

तेरा धन्यवाद कोरोना।

29. अपने जख्मों को सी लें

ये जीवन न निर्मूल्य बने,
आ अपने जख्मों को सी लें।

पत्थर भी कहीं पिघलता है,
करता किसकी तू विनती है,
जो छद्म वेशभूषाचारी,
थोड़े दिन उनकी गिनती है।
शांत नयनों के निर्झर से,
अब पग होंगे उनके ढीले।

आत्म-स्वर्ण जल जाने दे,
जलने पे और निखरता है,
पानी के समक्ष कहाँ बोलो,
शोलों का महल ठहरता है।
वे सर्प और हम चंदन हैं,
आ शिव की तरह गरल पी लें।।

30. रे! निराशा

रे! निराशा तू घनघोर ऐसे न तड़पा किसी को,
डूबे भी न उतराए ऐसे न अपना किसी को।

निर्दय है तू चुपके से आँखों में भर आता है,
जिसका भी चितवन भाए जीवन में थर्राता है।
रो भी न पाए पिघल के ऐसे न पगला किसी को।

तुम तो कंटक तड़पीली स्याह नाग के फण सी हो,
साँस तूफाँ भाव विषैले आँखों में तुम कण सी हो।
लहूलुहान कर आत्म-पंथ निर्जन न भटका किसी को।

31. रे! पक्षी संसद चलना है

रे! पक्षी संसद चलना है, बिकती नीति अब जाग,
चोंच में भर पानी चलना है, राजनीति हुई आग।

बैठे चंट, उदंड और घंट मुस्काते मंद-मंद,
हैं स्वच्छंद, दबंग, अनर्गल करते रहते हुड़दंग,
खरीद-फरोख्त, ईमान-आस्था में ठनी है जंग,
मेंढक अब धरती से निकला है गहराया रंग।
पदवी मिली जिन्हें सौतन की वे प्रीति का छेड़े राग।

किसकी कौन सुनेगा जब संसद में इतना शोर,
किसकी बकरी किसके पाले आजमाएँ सब जोर,
पगलाए जन-गण-मन, अब हाथ से छूटी डोर,
डाल-डाल पर लाखों उल्लू अब काहे हो भोर।
यह वक्त नहीं सन् सत्तावन, रीति कहाँ अनुराग।

32. नेता, डकैत, चोर

नेता, डकैत, चोर तीनों के एक साँचे,
पुलिस कर्तव्यहीन समझ न पाए ढाँचे।

उल्टा-सीधा, लुक्का-छिप्पी, सारे खेलें खेल,
जनता की हालत चूहों सी, डाले कौन नकेल,
अपराधी सत्ता में बैठे, निरपराधी जेल,
जज और वकील बिक गए, न्याय माँगे तेल,
नेता-तंत्र हावी हो गया, और जनतंत्र फेल।
लोकतंत्र की छतरी उल्टी, जनता नाचे।

काम को थक के बुधना रोए, निकली हाड़,
वादा करके मुकरे नेता, सारे भाड़,
कुत्ता पी गया दूध, बिल्ली चाटे माड़,
डॉक्टर निजी क्लीनिक कौन, काटे नाड़,
गर्मी में इलेक्शन आया, लागे जाड़।
जाति-धर्म में लड़वा मारे, खूब कुलाचे।

33. दल-बदलू नेता

मैं भारत का नेता हूँ यह मेरी शान है,
मेरे चरणों के नीचे यह हिंदुस्तान है।

सबको बीमार रखूँगा इलाज न होगा,
सबको बेकार रखूँगा निर्माण न होगा,
सबको लाचार रखूँगा कोई काम न होगा,
महँगाई का भार रखूँगा बेईमान की कसम,
मैं चाहूँ तब ही सबकी सुनता भगवान है।

बेईमान की कसम से हमें वोट लेना है,
वोट से भी पहले सबसे नोट लेना है,
वोट के भी बाद हमें नोट लेना है,
जिस दाँव से मैं जीतूँ वही गोट लेना है,
जो भी लूट पाऊँ सभी अच्छा दान है।

गोट ऐसा खेलूँगा सब हो जाएँगे पस्त,
जीतूँगा अकेला सभी खाएँगे शिकस्त,
मेरे अलावा और सभी पार्टियाँ हैं भ्रष्ट,
और आखिरी में कुर्सी कर लूँगा हस्त,
सभी मुझे बोलेंगे ये ही महान है।

कुर्सी मिलेगी मुझको तो दंगा कराऊँगा,
लोकतंत्र को फिर मैं नंगा नचाऊँगा,
गरीब जो हैं उनको भिगमंगा बनाऊँगा,
लूट-भ्रष्टाचार की गंगा बहाऊँगा,
कोई न कह पाएगा कि गुंडा-बेईमान है।

गंगा बहा के देश को कंगाल करूँगा,
राजस्थान है जहाँ बंगाल धरूँगा,
विदेशियों की गाल मार लाल करूँगा,
कश्मीरियों के घर को खोद ताल करूँगा,
मेरे जैसा आदमी हर घर जहान है।

घर-घर में होगा ताल तो बेहाल होंगे सब,
गरीबी और बेकारी से बदहाल होंगे सब,
उद्योग और धंधे भी खस्ताहाल होंगे सब,
और फिर गुस्से में मुझपे लाल होंगे सब,
मुझसे बढ़कर और न कोई शैतान है।

लाल होंगे सब तो दूँगा पार्टी बदल,
उस पार्टी ने सब किया मैं गया निकल,
होता न दागदार तो क्यों छोड़ता मैं दल,
मुझको जिता तो देखूँगा कि होता है क्या कल,
सारी जनता की मेरे हाथों में कान है।

मैं ही इक चिकना घड़ा बाकी सब कच्चा,
सारा जहान झूठा है बस एक मैं सच्चा,
मुझको ही वोट दो यही तेरे लिए अच्छा,
मैं ही मार सकता तुम्हें तो मैं करूँ रक्षा,
इज्जत तीर तेरी है, तो मेरी कमान है।

इस तरह फिर से कुर्सी कब्जा करूँगा मैं,
कुछ भी हो अपने लिए अच्छा करूँगा मैं,
और फिर इस दल को भी लुच्चा करूँगा मैं,
अच्छे-अच्छों नेता को बच्चा करूँगा मैं,
दल-बदलू नेता का यह सच्चा बयान है।

34. कट रहे हैं इसलिए

कट रहे हैं इसलिए कि आपस में बँटे हुए हैं,
बँट रहे हैं इसलिए कि आपस में कटे हुए हैं।

तज कुटिलता, कर आलिंगन, शाश्वत हो जड़ पकड़,
प्रेम गुह्य नश्वर धरा है, आत्म-चिंतन से जकड़,
छुद्र-कीट दमनकर दंभ, अंतरात्मा से लड़।
है उजास ब्रह्मांड में कण आपस में सटे हुए हैं।

आत्म-निर्भर, चित्त-विकल छोड़ ईर्ष्या आगे बढ़,
जो रवानी है जलज की आसमां में सूर्य सा चढ़,
कर आकर्षित रिपुदमन शील बलशाली सुघढ़।
नतमस्तक है विश्व सारा, सरहदों पर डटे हुए हैं।

35. हाथों सूखी रोटी ले के

भटक रही है दर-दर महुआ, हाथों सूखी रोटी ले के,

चारों धाम सी सत्ता पा के, मन ही मन में रहे हैं फूल,
कैसे जनता सनी गरीबी, जित देखा तित गए हैं भूल,
बनने चले थे शीतल जल जो, वही बने हुए हैं शूल,
बहुत तपन चेहरे पर झेली, मिल जाती बस थोड़ी धूल।
पहुँची बात समुद्र के तल तक, अब पहाड़ की चोटी ले के।

चिंता, दुख है मेरे पाले, और सुकूँ गुमनाम,
कष्ट चढ़ा मेरे सर बैठा, पूछे मेरा नाम,
बेकारी चरणों-कर लिपटी, कैसे निपटे काम,
दरकी छत भी ठीक हो जाती, हाथों होता दाम।
घर से निकली दर-दर भटकी, मन में इच्छा मोटी ले के।

तन पर छाया नहीं दूर सब, दरख्त खड़े हैं,
अहंकार हृदय से लिपटा, बहुत बड़े हैं,
पशु-पक्षी कीड़े और जलचर, मरे पड़े हैं,
धूम्रपान, दारू और गुटखा, सड़े-सड़े हैं।
पूछें इच्छा पुलिस व हाकिम, दाल कटोरी छोटी ले के।

36. पहचान ही न थी

पत्थर थे वो जान ही न थी, करुणा नाम मात्र भी न थी,

हमने आँसू बहुत बहाए, सारी दुनिया में बरसाए,
कोमलता की करी साधना, औ' चरणों पर लहू चढाए,
भिक्षा भी मेरे वतन की, कभी भी न मुझको दे पाए।
मानवता संज्ञान भी न थी।

हुए शहीद कोख, पति, पित्तर, अरमां कहाँ का त्याग का मंतर,
जलियाँ जैसे हुए सैकड़ो, अहिंसा का था बस जंतर,
हमने जितनी करी प्रार्थना, संज्ञा-शून्य हुआ उत्तरोतर,
शर्मिंदगी भान भी न थी।

कब तक भला ठहर वह पाता, नेता, गांधी भाग्य-विधाता,
आजाद, भगत, अशफ़ाकउल्ला का, बलिदान था राह दिखाता,
इक टुकड़ा वह जिद का करके, चला गया पाकिस्तान बनाता,
धर्म क्या ? पहचान ही न थी।

37. मन को जोड़

जिस पथ पर है गया मुसाफिर, उस पंथ को छोड़।

रणबाँकुरों की यह धरती
वीर और धीर उगाती है,
जिसका दूध ये अन्न, जल है
वह धरती की छाती है।
मनके से है माला बनती बढ़ और मन को जोड़।

हाहाकार मचा है, जन-धन
लूट रहा उत्पाती,
चोर, लुटेरे, आतंकवादी
बने हुए हैं साथी।
दुश्मन तो है छल-प्रपंची, उसकी टांगे तोड़।

रुद्र रूप धर और रणचंडी
बन जाओ सब वासी,
धरती हमें पुकार रही है
रिपु के खून की प्यासी।
अस्त्र-शस्त्र लेके हाथों में सर घमंड का फोड़।

38. कलयुग वातावरण

कुंठाग्रस्त लोग, राजनैतिक
अनैतिक भ्रष्टाचार शोषण,
भावनाएँ बिलखतीं गलियों में
तन क्षत-विक्षत भरण-पोषण।

जल, उर्जा, औषधि कर्म-क्षेत्र,
पुन-पुन गिरि चढ़त झंझावत ज्यों,
परिवहन, अन्न, दुग्ध, ईंट, वस्त्र,
पाएँ अब किसके पकड़ चरण।

अस्ताचल सूर्य और स्याह निशा,
शिक्षा कष्टमय लूट पतित,
जल, हिंसा, फरेब, मक्कारी,
देव-देवी और बच्चों का हरण।

उन्माद घुला 'बेधर्म' धर्म,
शील रुधिर जमा प्रेम चक्षु बंद,
तज दीन-ईमान अल्लाह-भगवान,
खून सना सुधर्म धर्म आवरण।

जड़ 'जयज' प्रवाहित व्याभिचार,
मन देखे हाहाकार विकट,
कर्ण-शून्य न्याय व्याकुल कलंक,
चहुँओर कलयुग वातावरण।

39. देव भी हो जाते परास्त

रंग दी तुमने अपने खूँ से, चुनरी है भारत माँ की,
रौंद दिया तुमने दुश्मन को, दाँव लगा अपने जाँ की।

कुछ न सोचा होगा क्या अब, माँ, पत्नी औ' बच्चों का,
तुमने माना फर्ज को बढ़कर, आरत है तुम सच्चों का।
सर झुकने न दिया वतन का, बदला इक का चार लिया,
कटा दिया है सर को अपने, खातिर इसी गुलिस्ताँ की।

वीर जवानों, देश की शानों, हमको तुम पे गर्व इतना,
वतन की खातिर मर मिटने पे, माँ को है होता जितना।
दुश्मन भी नतमस्तक तेरे, पराक्रम के आगे है,
देव भी हो जाते परास्त, औकात कहाँ थी इंसाँ की।

40. दोहा-गजल

अन्तर्मन में फूटती, नहीं पड़ेगी दीख।
दिल के कानों से सुनें, खामोशी सी चीख़।।

अच्छा हो व्यवहार तो, मिलता घर में बैठ।
गंदे मनुज स्वभाव ते, माँगे मिले न भीख।।

दिलों पुकारे रब मिलें, जग काहे चिल्लाय।
रज-रज में व्याप्त वो, मन से कुछ तो सीख।।

मन साँचे में ढालिए, सत् का नीर लगाय।
जिस मिट्टी मिर्ची उगे, उसमें उपजै ईख।।

41. दोहे

शुरू करें फिर अधूरा, अपना बचा कार्य।
सच्चे मन की मेहनत, सर्वस्व स्वीकार्य।।

पलभर होती पीर की, रखिए मन में धीर।
उद्विग्नता तजकर बनो, वीर और गंभीर।।

धीर बिना मिलती नहीं, सफलता किसी काम।
मेहनत, लगन जो धरे, होता उसका नाम।।

आकार साकार करें, आएँ मेरे द्वार।
विह्वल, विचलित भक्त ये, करता मात पुकार।।

अच्छी संगत से बने, मानव गुण की खान।
काम बनाए आपनो, पाए जग सम्मान।।

निकालिए अपने लिए, अपना समय जनाब।
मेहनत से पूर्ण हों, अपने सारे ख़्वाब।।

छोटा बच्चा जो बने, जाने उसका हाल।
बिना बात, मतलब करे, हरदम एक सवाल।।

दया, धर्म, सद्भावना, गए सभी जन भूल।
स्नेह, प्यार, संवेदना, हैं मानव के मूल।।

सौहार्द औ' सहिष्णुता, करें अंध-भक्त खंड।
अविनय से सुधरें नहीं, इन्हें चाहिए दंड।।

चोट शरीर, रगड़ लगे, धरो धीर बन वीर।
हल्दी मिला दूध पियो, मिटे बदन का पीर।।

कड़ी मेहनत से मिटे, निर्धनता अभिशाप।
पूर्ण मन के काम से, तुम से बनते आप।।

जिसका जैसा कर्म है, उसका वैसा भोग।
करनी का ही फल मिले, बने बहाना रोग।।

खुली आँख स्वप्न ही सदा, हो पाते हैं पूर्ण।
दामन परिपूर्ण खुशी, हृदय प्रेम संपूर्ण।।

बलवान बने आत्मा, धर के धीर महान।
संयमित जीवन रखिए, चले दूर तक प्रान।।

बच्चों को तो चाहिए, ममता, प्यार, दुलार।
मात-पिता का साथ ही, है उनका संसार।।

छोटी सी आशा बने, बड़े काम की राह।
तन-मन-धन मिलके करे, दुनिया कहती वाह।।

हँसना कष्टों सीख ले, दर्द हो जाए कम।
खुशियाँ मन निकले नहीं, निकले गमों का दम।।

सच्चा गर इंसान हो, डरता है शैतान।
सच्चे हृदय में सदा, बसता है भगवान।।

छेड़-छाड़ ना कीजिए, प्राकृतिक तालमेल।
बिगड़े से तो ना बने, बने प्रकृति फिर जेल।।

चेहरों लगा चेहरा, ठगते हैं दिन-रात।
बैठे कार्यपालिका, सुनें न कोई बात।।

कत्लो-गारत कर दिए, निर्दयता की छाप।
बीमारी परिणाम है, रहा मनुज को नाप।।

बेरोजगार बेटा घूमें, बेटी एक सयानी।
चूल्हा-चौका, दाना-पानी, घर-घर यही कहानी।।

दिल की बात न कीजिए, दिल मेरा नाराज।
चाय पिलाने के लिए, नजर न आए आज।।

अनहोनी हो के रहे, रोक सके ना कोय।
गर रोके से रुक सके, अनहोनी क्यों होय।।

बीमारी ना बोलती, मैं हूँ तेरे पास।
पता तभी है चल सके, जब बन जाएँ दास।।

पालन-पोषण कर करे, दुनिया का उत्थान।
सभी का दुख-दर्द हरे, नारी शक्ति महान।।

तुझसे भी प्यारी लगे, तेरी तो मुस्कान।
तुतलाती बोली समक्ष, फीकी मिष्ठ दुकान।।

माता-पिता की सेवा, और गुरू सम्मान।
रात औ' दिन तेज बढ़े, मिले जगत में मान।।

सफलता लिए चाहिए, उचित बुद्धि औ' ज्ञान।
शालीन हृदय रख करें, ईष्टदेव का ध्यान।।

धर्म-कर्म भी चाहिए, औ' गरीब को दान।
लाचार-बेबस सहाय, औ' समाज उत्थान।।

दिल पे रख पत्थर करें, माँ-बाप कन्यादान।
सौंपें बेटी रूप में, अपनी इज्जत, प्रान।।

जीवन सबका खा रहा, प्रदूषण शैतान।
जिसका इसमें हाथ है, करे धरा अपमान।।

तेरे दर्दों की दवा, है बस यही जनाब।
हरियाली चहुँओर हो, शुद्ध पवन औ' आब।।

जीतना हो गर खुद को, कर मन को कंट्रोल।
इंद्रियों को बस में कर, पट अंतस् के खोल।।

बिना मोबाइल पल भी, चले न मेरा काम।
बाँध-पकड़ रखता यही, होता मैं बदनाम।।

42. प्रीत के दोहे

आँखों से दिल में बसे, हरे चैन दिन-रैन।
चले नहीं देखे बिना, करे इश्क बेचैन।।

चाहा कब मैंने करूँ, ऐ! प्रिय तुझसे प्यार।
तेरी नजरों ने किया, यूँ मुझे बेकरार।।

हम दोनों के बीच में, पुल कहने को एक।
दिल को दिल से जोड़ने, वाले तार अनेक।।

प्यार तुम्हारा खूब है, करे मुझे बेकार।
तुम बिन कुछ दिखता नहीं, झूठा सब संसार।।

वादा ही करता रहा, अब तक मेरा यार।
गर्जन वाले मेघ तो, निभा न पाते प्यार।।

बूझे से होती नहीं, कभी किसी से प्रीत।
बैरी से गर प्रीत हो, हारे दिल की जीत।।

एक जान दो दिल बने, उसको कहते प्यार।
लाख शिकवा-शिकायतें, फिर भी ना तकरार।।

तहखाना है दिल बना, घुस के रहिए आप।
सर्दी भी लगती नहीं, ना झुलसाए ताप।।

जब तक दिल की ना कहे, मिले न पारावार।
दिल की बात अगर खुले, फैले फिर संसार।।

रातों-दिन ना भूलती, नैनों वाली बात।
आँखों में यूँ छवि बसी, जीवंत मुलाकात।।

कोई कितना करेगा, किसी का इंतजार।
जी-जंजाल बना दिया, स्वर्ग महकता प्यार।।

आँख-मिचौली खेलती, विद्युत सी दिन-रात।
दामिनी सी कड़क रही, प्रेम भरी दिल बात।।

खामोशी ही चाहिए, कहने को दिल बैन।
जुबानें जो न कह सकें, कह देते हैं नैन।।

हाथ छोड़कर आपका, ऐसा किया गुनाह।
ना ही मेरी हो सकी, ना जग मिली पनाह।।

43. कुंडलिनी

अधिकार समान सबको, देता है गणतंत्र।
खुशहाल हो सब जनता, है यही मूलमंत्र।।
है यही मूलमंत्र, हों खुशियाँ वतन अपार।
प्रथम फर्ज निभाएँ, मिलेगा तभी अधिकार।।

फरियादें ही ना करो, लड़ के हक लो यार।
खुद के लिए भिड़े नहीं, वह बंदा बेकार।।
वह बंदा बेकार, खुशी मन सुन के वादें।
उन्हें न मिलता हक, करे जो बस फरियादें।।

जन्मकुंडली भी करे, कर्मों का सम्मान।
कर्मों जैसा फल मिले, विधि का यही विधान।।
विधि का यही विधान, हो सत्य-धर्म की भली।
कर्मों से ही रही, बदलती जन्मकुंडली।।

जिम्मेदारी समझ के, रखें वतन का ध्यान।
कोई भी हो गर दुखी, है सबका अपमान।।
है सबका अपमान, देश इक सुंदर क्यारी।
रखें ध्यान सद्भाव, सभी की जिम्मेदारी।।

जूता कीचड़ ना सने, करें यूँ भ्रष्टाचार।
नेताओं में मान हो, चोरों में सम्मान।।
चोरों में सम्मान, पुकारें सभी कपूता।
जूता माला कंठ, और सर पे भी जूता।।

साथी तेरा प्यार ही, है जीवन औ' जान।
त्याग, समर्पण से बने, मानव सदा महान।।
मानव सदा महान, संभाले जीवन हाथी।
सुख-दुख में रहे संग, वही है सच्चा साथी।।

नारी की चीख भारी, सह के अत्याचार।
पर बेटी पर ही करे, मानव दुर्व्यवहार।।
मानव दुर्व्यवहार, बनती गले की आरी।
होता सत्यानाश, जुर्म जो करता नारी।।

काल्पनिकता होती है, बहुत ही लाजवाब,
हकीकत सा मजा और, बिना नींद का ख्वाब।।
बिना नींद का ख्वाब, ही बनती आधुनिकता।
टेक्नोलॉजी भी, थी कोरी काल्पनिकता।।

44. प्यारा बचपन

वो झूला वो झम-झम बारिश,
और वो न्यारा-प्यारा बचपन।
जब भी सोचो आँख मीचकर,
दिखता सबकुछ जैसे दरपन।।

बड़ी-बड़ी बूँदें बरसाती,
गड्ढे-तलैया सब भर जाती।
नाव बना छोटी कागज की,
बरसाती जल में तैराती।
झूम उठे मन-आँगन मेरा,
और झूम उठता तब उपवन।।

मम्मी ने इक राह निकाली,
आँगन पेड़, पेड़ की डाली।
छोटी रस्सी तख्ती लेकर,
बना दी झूली एक निराली।
उठा नाच मन-मयूर मेरा,
और फिर बरसा मन में सावन।।

45. तोता घर एक पोता आया

चीं-चीं-चीं रोता आया, तोता घर पोता आया।

हँसी-खुशी घर चहक उठा, किलकारी से महक उठा,
आयोजन इक भव्य हुआ, अग्नि चूल्हा दहक उठा।
बावर्ची तीतर मोटा, नदी लगा गोता आया।।

न्योत भरे जंगल पहुँचा, चिड़ियों का सब दल चहका,
उल्लू चूर नशे में था, बोला वो बहका-बहका।
करके मान-मनौव्वल सब, आना कह तोता आया।।

बुलबुल बोली मैं भी हूँ, कबूतर चहका गुटरगूँ,
चूँ-चूँ गौरय्या चहकी, बगुला बोला हूँ-हूँ-हूँ।
काँव-काँव चिल्लाया काग, मेरा भी न्योता आया।।

बहुत खूब मिष्ठान बने, तरह-तरह पकवान बने,
चमकीले पोशाकों में, सब ही आए बने-ठने।
टूट पड़े सब खाने पे, ऐसा ही होता आया।।

गीत सुनाया कोयल ने, कौआ ढोलक चटकाया,
मोर ने अपने नृतन से, सबका चितवन हर्षाया।
मुझको भी शामिल कर लो, इक बंदर रोता आया।।

खत्म नाच व गान हुआ, तब सबको ये भान हुआ
सर्प एक ऊपर लटका, आफत में था प्रान हुआ।
डरिए मत फुफ्कारा वो, मैं तो बन श्रोता आया।।

मिल सबने शंखनाद किया, दावत का धन्यवाद किया,
जच्चा-बच्चा सुखी रहें, यही आशीर्वाद दिया।
तोता यूँ आयोजन कर, प्यार दिलों बोता आया।।

46. ता-ता धिन्ना, ता-ता धीन

ता-ता धिन्ना, ता-ता धीन,
कोई मारे चाँटे इन तीन।
मक्खी, मच्छर और कोरोना,
रहे जान तीनों ही छीन।

अमरीका से तोप मँगाई,
मक्खी से की बड़ी लड़ाई।
लेकिन एक भी मार न पाया,
करती बैठ नाक भिन-भीन।।
कोई मारे चाँटे इन तीन।।

मच्छर को गर पकड़ मैं पाता,
घर के सारे काम कराता।
नीम तले चौपाल लगाके,
दिनभर सुनता रहता बीन।।
कोई मारे चाँटे इन तीन।।

अगर कोरोना हाथी होता,
पटक मसल देता चींटी सा।
अगर ये चींटी जैसा होता,
मार फूँक पहुँचाता चीन।।
कोई मारे चाँटे इन तीन।।

47. लड़की आई, लड़की आई

लड़की आई, लड़की आई,
देखो नन्ही लड़की आई ।

पाँव में जूता गोबर पहने,
हाथों में मिट्टी के गहने,
छपी गाय की चेहरे पूँछ,
वाह-वाह भाई क्या कहने,
धमा-चौकड़ी घर की आई।

गौरइए सी ची-ची चुलबुल,
फुदक-फुदक मैना और बुलबुल
हाथ हिलाती और इतराती,
आँखों में आँसू सी गुलगुल।
तोता बोला बड़की आई।

रोटी छोटी कलछी भात,
कभी न पूछे धर्म क्या जात,
दादा, दीदी और मटकती,
सुबह, दोपहरी या हो रात।
साँपों बचकर मेंढकी आई।

हाथ पकड़ती गले लिपटती,
पीठ पर चढ़के बहुत मचलती,
दादी, नानी जैसी हरकत,
न आती तो बहुत खटकती।
झौआ भर डली गुड़ की आई।

48. मुझको फिर से खीर खिला दे

माँ, मुझको तू दूध पिला दे,
मुझको फिर से खीर खिला दे।

खाया था जब वह दिन भूले,
पड़े हुए थे पेड़ पे झूले।

पड़ोस के ही रामफल काका,
दूध दे गए थे कुछ ज्यादा।

गाय ने उनकी जना था बछड़ा,
विवाद भुला कर वे पिछड़ा।

पिंटू कहकर पुकारे थे,
द्वार पे मेरे खुद आए थे।

कहा था बेटा माँ को देना,
खीर बनवा करके खा लेना।

अबकी बार भी हुआ है बछड़ा,
इस बार न कोई रगड़ा-झगड़ा।

काका को जयराम था करता,
काकी को राम-राम था करता।

तुम भी उनके घर को गई थी,
काकी जब बीमार पड़ी थी।

तुम से भी होती थी बातें,
कभी न कभी आते-जाते।

माँ मुझको फिर दूध दिला दे,
मुझको फिर से खीर खिला दे।

49. कुम्हड़े की बतिया

अपना यह देश कोई कुम्हड़े की बतिया नहीं,
जिसे घड़ी-घड़ी तू आँखें दिखलाता है,
बंद कर अपना यह खेल बहुत खेल चुका,
अभी सारी दुनिया तुझे यह समझाता है,
मार पड़ेगी तुझे, तू ही सब भुगतेगा,
सब ही कहेंगे कि अब पछताता है,
याद कर पैसठ, इकहत्तर की लड़ाई को,
छेड़ता है पहले फिर बाद चिल्लाता है।

50. इलेक्शन

आने को इलेक्शन है रंग रूप करें ठीक,
गाँव में जाकर जनता को वरगलाना है,
पहले का वादा जो किया था हुआ पूरा नहीं,
विपक्ष को दे के गाली उनको बहलाना है।
जाति और धर्म का झगड़ा करवा करके,
अपनी ही पार्टी को फिर से जितवाना है,
चोर-लुटेरे सभी मेरे सगे-संबंधी,
अबकी बार उनको भी संसद पहुँचाना है।

51. 'जयज' की कुंडलिया

हिंदी प्यारी हिंद की, दुनिया की कर्णधार।
स्नेहमयी हृदय जयी, ममता, प्यार, दुलार।।
ममता, प्यार, दुलार, कर्णमिष्ठी ज्यों बोली।
अपनाए उरभाव, लिखे जो उसकी हो ली।।
'जयज' वतन सम्मान, हिंद के भाल की बिंदी।
जनमानस की जान, विश्व में छायी हिंदी।।

मातृभाषा मातृतुल्य, करिए निज सम्मान।
गौरवान्वित आत्मा, जग का हो उत्थान।।
जग का हो उत्थान, सरल और सहज बोली।
शिशुपन की तुतलाय, अति मीठी और भोली।।
'जयज' यही उत्कृष्ट, स्वधीनता परिभाषा।
बदलें नहिं माँ-बाप, औ' ना ही मातृभाषा।।

भाषा नहीं सिर्फ एक, यह भारत का प्राण।
रुधिर सी प्रवाहित शिरा, जन-समूह का त्राण।।
जन-समूह का त्राण, हिंदी विश्व में न्यारी।
संवाद-शुलभ प्रवाह, काव्य-छंदों की क्यारी।।
'जयज' माँ सी ममता, प्यार इसकी परिभाषा।
ये संस्कृति, इतिहास, नहीं सिर्फ एक भाषा।।

ऐसी होती लेखनी, देती मन को चैन।
शिल्प, संवेदनशीलता, इसके हैं दो नैन।।
इसके हैं दो नैन, भाव पा मचले, डोले।
सार्थक बने तभी, जब ये सभी का हो ले।।
'जयज' वह उतना धन्य, पकड़ भाषा पर जैसी।
औ' करे नित प्रयोग, लेखनी होती ऐसी।।

अधिकार संग कर्तव्य है, बिन कर्तव्य अभिशाप।
ज्यादती अधिकार की, बन जाती है पाप।।
बन जाती है पाप, दुखी बस सज्जन होते।
दुर्जन करते मौज, औ’ कमजोर हैं रोते।।
जीवन 'जयज' अमूल्य, ना बनना जबरन भार।
कर्तव्य निभा सको, ना दिखलाना अधिकार।।

वादा करो ये खुद से, करोगे अच्छा काम।
मानोगे सब बडों की, होगा जग में नाम।।
होगा जग में नाम, काम सब नित्य बनेंगे।
सब को ले के साथ, आगे बढ़ते रहेंगे।।
'जयज' रखो संज्ञान, रखोगे जीवन सादा।
अमल में उच्च विचार, यही कर लो अब वादा।।

बेड़ी पूर्वाग्रह की, तोड़ बनो आजाद।
सत्कर्म करो लगन से, कर ईश्वर को याद।।
कर ईश्वर को याद, सफल हो जीवन सारा।
दुनिया में हो नाम, और जग में उजियारा।।
'जयज' मंत्र कर याद, सोच रख सदा अगेड़ी।
टूटेगी तभी ये, पूर्वाग्रह की बेड़ी।।

आत्मा होती है प्रथम, कर लो उसका ध्यान।
फिर पीछे परमात्मा, जो देता है प्रान।।
जो देता है प्रान, भेजता है इस जग में,
जगत की भौतिकता, फिर बंध जाती पग में।।
'जयज' भूलना नहीं, अजर-अमर परमात्मा।
रहता बस तन याद, भुगतती पीछे आत्मा।।

धर्म जीवन का उद्देश्य, जीने का उपदेश।
जीने की कला विशेष, प्रेम-भरा संदेश।।
प्रेम-भरा संदेश, सुख-शांती और भक्ती।
कर्म करने की युक्ति, और आत्मा की शक्ती।
'जयज' कहाँ है खोज, इसमें ईश्वर का मर्म।
धर्म से बड़ा राष्ट्र, उससे बड़ा प्रेम-धर्म।।

धर्म बनाते बेधर्म, बंद दिल के किवाड़।
विधर्मी करते हिंसा, ले धर्मों की आड़।।
ले धर्मों की आड़, स्वच्छंद बहुत कुछ करते।
दोषी सिद्ध निर्दोष, बस निर्दोष ही मरते।।
'जयज' धर्म तो वही, जो समझे सबका मर्म।
करे कत्लो गारद, ना समझो अच्छा धर्म।।

शांत मन में ऊपजै, जीवन के सब मूल।
शांत मन ही हो सके, साफ दिलों की धूल।।
साफ दिलों की धूल, तभी बढ़ सकते आगे।
किया कार्य महान, तो उसके भाग्य जागे।।
'जयज' का ये प्रयास, न जागे मन में भ्रांत।
जग में सफल है वो, जो रखे मन को शांत।।

शांत, अमनों-चमन है, अच्छे देश की नींव।
प्रेम-वात्सल्य, सौहार्द, चाहते सभी जीव।।
चाहते सभी जीव, रहना संग मिल-जुल के।
बनें सुख-दुख साथी, सबके जीवंत पल के।।
'जयज' कर कुछ ऐसा, न रहे अब मन अकांत।
खुशियाँ हों चहुँओर, औ' अमनों-चमन, शांत।।

जीवन कैसा भी रहे, रखो धैर्य सदैव।
जो रहते कष्टों में स्थिर, उनकी सुनते दैव।।
उनकी सुनते दैव, करते मदद भी उनकी।
मुश्किलों में भी अडिग, रहने की इच्छा जिनकी।।
साँच पर सदा 'जयज', डटो रख शांत तन-मन।
न होना विचलित भी, कैसा भी रहे जीवन।।

हजारो बंद रास्ते, एक रास्ता खोज।
मुश्किल कितनी भी रहे, कोशिश भी कर रोज।।
कोशिश भी कर रोज, मिलेगी मंजिल तेरी।
ना करना विश्राम, और न काम में देरी।।
जीत मिलेगी 'जयज', ऐसे हिम्मत न हारो।
रख आशा की किरण, भले पथ बंद हजारो।।

डट जाओ होने न दो, अन्याय, अत्याचार।
हर जगह पर व्याप्त है, चोरी, भ्रष्टाचार।।
चोरी, भ्रष्टाचार, पतित कर रहा देश को।
आओ सभी मिलकर, स्वच्छ करें परिवेश को।।
'जयज' गर गलत दिखे, विरोध करो उसका झट।
कैसी भी अब लूट, होने न दो जाओ डट।।

अपनी ही न सोच सदा, आगे की रख खबर।
सत्य राहों पर चलना, कठिन होता अक्सर।।
कठिन होता अक्सर, होती रहती बुराई।
मत सोच होने दे, तू करता रह भलाई।।
न कोई सगा 'जयज', न ही रहती सदा बनी।
कठिन वक्त में हिम्मत, आती बस काम अपनी।।

कोई सीमा अब नहीं, पहुँचे कहाँ विज्ञान।
छूता ऊँचाई नई, मनुष्य लगा के जान।।
मनुष्य लगा के जान, कोई कार्य न मुश्किल।
हो के रहता काम, अगर करें लगा के दिल।।
वही मिलेगी 'जयज', फसल जो तुमने बोई।।
हासिल करें क्या-क्या, अब सीमा नहीं कोई।।

शांत-मन प्रबुद्ध दिखे, दिया तुझे सम्मान।
पर तुमने तो कर दिया, जीवों का अपमान।।
जीवों का अपमान, काट कर उनको खाए।
कैसे बचेगा तू, सामने ईश्वर आए।।
'जयज' जानता दरद, कटे जब कोई भी तन।
डाल न सकते जान, ना लो रहो शांत-मन।।

संकट के मेघ को तो, कोई करे न प्यार।
सुख की बारिश को सभी, लोग करें स्वीकार।।
लोग करें स्वीकार, यूँ दुख न चाहे कोई।
पर ना दिन, बिन रात, न ही सुख, दुख बिन होई।।
सुख बीते झट 'जयज', और दुख का समय विकट।
लगे हँसी की फूँक, तो सब उड़ जाएँ संकट।।

दिन निकल आया है अब, रात गयी है बीत।
तम पे प्रकाश की सदा, होती आयी जीत।।
होती आयी जीत, सदैव होता न ऐसा।
जैसा होगा काम, फल भी मिलेगा वैसा।।
'जयज' पूरी दुनिया, तो बदले रूप पल-छिन।
है मन चंचल बहुत, कर पवित्र तन-मन निशदिन।।

सपना ही बस देखिए, सच दृष्यत नहिं कोय।
देखन मनभावन लगे, मृग मरीचिका होय।।
मृग मरीचिका होय, यूँ कबहुँ हाथ न आवै।
झिलमिल रंग दिखावै, और मुँह को विचकावै।।
'जयज' न खोना कबहुँ, गँवाना होश न अपना।।
चमक-दमक, लकलका, देखना है बस सपना।।

हिसाब अपने कर्म का, कैसे देंगे आप।
प्रकृति की सुंदर रचना, मार किए हैं पाप।।
मार किए हैं पाप, खाल-हड्डी तक खाए।
कैसे दानव आप, आप को कौन बताए।।
कर्मों का फल 'जयज', तेरा भी बने कबाब।
अघी के पापों का, होना भी यही हिसाब।।

बदनसीबी, निर्धनता, अनपढ़ता अभिशाप।
मानवता का शत्रु यही, जीवन जैसे पाप।।
जीवन जैसे पाप, पढ़ें - पढ़ाएँ, मिटाएँ।
बना यही उद्देश्य, बहुत ही पुण्य कमाएँ।।
'जयज' पढ़ाता वही, जो होता रब करीबी।
पढ़ा सफल इंसान, करें खत्म बदनसीबी।।

बेचारी नदियाँ हुईं, दूषित हो बदहाल।
उद्योगों युग ने किया, पवित्रता बेहाल।।
पवित्रता बेहाल, हुई गंदे आयन से।
कारखाना स्रावित, विषैले रासायन से।।
'जयज' हुई न शुद्धी, जीवन पड़ेगा भारी।
प्रदूषित भू-जल है, कहो न नदी बेचारी।।

भोले सारे जीव हैं, कुदरत रचनाकार।
जीवों पर न कभी करें, जुल्म अरु अत्याचार।।
जुल्म अरु अत्याचार, करते मार के खाते।
सबका मालिक एक, कभी यह समझ न पाते।।
'जयज' करे जो पाप, रोग बढ़-चढ़ के हो ले।
भुगत तड़पते आप, मगर बनते हो भोले।।

तंदुरुस्ती है जरूरी, रखना सदैव ध्यान।
मस्तिष्क भी अच्छा रहे, मिलता सदैव मान।।
मिलता सदैव मान, काम सब झट हो जाते।
भंग न होता ध्यान, चाहते जो कर पाते।।
'जयज' रख नियम-धरम, तो रहती जीवन मस्ती।
रोगों से रह दूर, उसे कहते तंदुरुस्ती।।

रखना जरूरत भर ही, और न रखना पास।
कोई तो जाता तरस, कोई करता नाश।।
कोई करता नाश, दिखाता घमंड अपना।
भूखे मरते लोग, टूटता निर्धन सपना।।
'जयज' तुम्हें तस्दीक, अति नहीं कोई करना।
काम भी हो जाए, जरूरत भर ही रखना।।

नाकामी अपनी छुपा, दिखलाते हैं शेर।
कठिनाई सामने पा, हो जाते हैं ढेर।।
हो जाते हैं ढेर, जगत में थू-थू होती।
सभी बिगड़ते काम, मान-मर्यादा खोती।।
'जयज' गलतियाँ मिटे, तभी हो सकता नामी।
सीखें, बनें श्रेष्ठ, न होएगी नाकामी।।

चेहरे के जंगल में, तरह-तरह के रूप।
कोई दिखता रंक सा, कोई दिखता भूप।।
कोई दिखता भूप, पर चेहरे से ठगता।
रंकों वाला मनुज, सदा दिल राजा लगता।।
'जयज' देख के चमक, न हों भ्रमित, अब ठहरें।
रूप तो है धोखा, दिल देखो, मत चेहरे।।

ऊँची पतंगों सी उमंग, खुशियों के आकाश।
क्लिष्ट हृदय नाच उठा, मन में रख के आश।।
मन में रख के आश, लक्ष्य को छू पाएगा।
अविचलित धर धैर्य, सदा बढ़ता जाएगा।।
'जयज' कैसा भी वक्त, निगाह करना न नीची।
रखना ध्येय विशाल, पतंग चढ़ती सी ऊँची।।

हो न शिकवा-शिकायतें, तो जीवन बेकार।
जिंदगी ये है ही क्या, प्रकृति का उपहार।।
प्रकृति का उपहार, ऊर्जा वक्त से चलता।
जो कुछ मिलता यहाँ, सब ही यहीं पे रहता।।
कुछ पल रहना 'जयज', बाद सब कुछ देना खो।
मृत्यु आखिरी पड़ाव, चाहे विपुल दौलत हो।।

राक्षसी प्रवृत्ति है बस, खाना पशु का मांस।
भुक्खड़ मानव ने प्राणी, विलुप्त किए अधिकांश।।
विलुप्त किए अधिकांश, निर्दय मार के खाये।
दुनिया नष्ट कगार, वधगाह बढ़ता जाये।।
'जयज' अन्न जैसा मन, करे ये प्रकृति तामसी।।
अमानवता बढ़ती, है जो प्रवृत्ति राक्षसी।।

देखा-देखी किसी की, न करते अच्छे लोग।
आत्मयोग भी नष्ट हो, बहुत बुरा है रोग।।
बहुत बुरा है रोग, नहीं होती मौलिकता।
बेमन होता काम, औ' बढ़ती चित्त विकलता।।
'जयज' सफल है वही, जो खींचे कर्म रेखा।
करते मौलिक सृजन , न करते देखी-देखा।।

सोच, समझ कर कीजिये, अपने सारे काम।
जल्दबाजी में बिगड़ते, हो जाते बदनाम।।
हो जाते बदनाम, औ' सम्मान भी जाता।
अपनी मंजिल कभी, यत्न कर पहुँच न पाता।।
'जयज' यूँ कर गुस्सा, अब सर के बाल न नोच।
करना सब कुछ बाद, पहले अच्छी तरह सोच।।

डूबे हो किस ध्यान में, मुझे बताएँ आप।
गलती क्या कोई हुई, जिसका है संताप।।
जिसका है संताप, पश्चाताप ना सूझे।
मुझे बताओ बात, मुझे शायद कुछ बूझे।।
'जयज' बताये घटे, शोक, संताप न ऊबे।
सबका हल है पास, बताओ किसमें डूबे।।

आँगन में ज्यों पुष्प खिले, यूँ निकली है धूप।
चहुँओर खुशियाँ लाया, ये सर्दी का भूप।।
ये सर्दी का भूप, बड़ा ही लगता प्यारा।
रातें लंबी होतीं, और जब घटता पारा।।
'जयज' की अभिलाषा, प्रफुल्लित हो हर जीवन।
खिले भी सबका मन, जैसे फूल खिले आँगन।।

हम सब हैं इक सिनेमा, और जीवन इक फ़िल्म।
सबके अपने किरदार , जिसका नहीं है इल्म।।
जिसका नहीं है इल्म, कि अब क्या होगा आगे।
जो समझे वक्त को, भाग्य उसका ही जागे।।
'जयज' रख नियम-धर्म, सत्य-वचन अच्छा कर्म।
विधाता निर्देशक, और अभिनय करते हम।।

मुस्कान होठों पे गज़ब, जो रखते हो यार।
मनभावन चेहरे से, कर देते बेकार।।
कर देते बेकार, न रहता किसी काम का।
जपता माला सदा, वो बस तेरे नाम का।।
बच के रहना 'जयज', रखना हो अपना मान।
होते जालिम लोग, जो सदा रखते मुस्कान।।

कोमल धूप का स्पर्श, हुआ जब मेरे तन।
उर ने ली अँगड़ाई, पुलकित हो गया मन।।
पुलकित हो गया मन, किरणें फैलीं चहुँओर।
निशा ग्रसित जगत में, फिर हुई खुशी की भोर।।
पूस की रात 'जयज', मन भी हो जाता विकल।
ठंडे बदन लगता, धूप का स्पर्श कोमल।।

बचपन का इक ख़्वाब था, हरूँ मैं सबका ग़म।
कष्ट, अभाव न हो कोई, न आँख किसी की नम।।
न आँख किसी की नम, रह कोई भूखा कभी।
खुश रहे सबका मन, यूँ हर लूँ दुख, दर्द सभी।।
'जयज' चाहता यही, कि चहके सब घर-आंगन।
जीवन भी हो हर्षित, सोच ख्वाबों का बचपन।।

झरोखा खुल जाता है, फिर दिखती है आस।
हौसला रख करने की, जब बढ़ती है प्यास।।
जब बढ़ती है प्यास, कार्य तब होता अच्छा।
जग में होता नाम, कार्य जब करता सच्चा।।
'जयज' खोज ले राह, जिधर फिर मिले न धोखा।।
अच्छी होती नीयत, तो खुल जाता झरोखा।।

चुटकी भर सिंदूर का, महत्व है अनमोल।
त्याग, तपस्या, प्रेम के, रसों का अमृत घोल।।
रसों का अमृत घोल, घोल दो परिवारों का।
प्रेम और विश्वास, दृढ़तम संस्कारों का।।
कर बंधन दृढ़ 'जयज', ले सिंदूर की पुटकी।।
भार ढो कुटुंब का, चाहे प्यार बस चुटकी।।

पहरेदारी भी किए, रखा खेत संभाल।
मशीनरी ने अब इन्हें, घर से दिया निकाल।।
घर से दिया निकाल, बनी कृषक से दूरी।
बिन गोबर कृषि, नहीं हो सकती पूरी।।
दोषी 'जयज' किसान, कहे अब अत्याचारी।
निश-दिन कर जागरण, करे वो पहरेदारी।।

पुलवामा तुमने किया, हमने बालाकोट।
तुमने कायरता करी, हमने खुल के चोट।।
हमने खुल के चोट, एक के दस गुन मारे।
करते छुप आघात, खुली जंगें तुम हारे।।
बचा न पाए 'जयज', ट्रम्प हों या ओबामा।
मारी ऐसी मार, न सूझे फिर पुलवामा।।

खोया तुझमें इस तरह, स्मृति रही न शेष।
सुद्धि-बुद्धि भी मेरी गई, तेरा प्रेम विशेष।।
तेरा प्रेम विशेष, मिले तो सारी खुशियाँ।
मधुर-सौम्य व्यवहार, और मिश्री सी बतियाँ।।
'जयज' न होना बिलग, बहुत अब तक है रोया।
करके प्रेम सदैव, रहा तुझमें ही खोया।।

कल एक छलावा है ये, न कर आज बदनाम।
समय नहीं मिलेगा फिर, पूरा कर सब काम।।
पूरा कर सब काम, दिखा अपना पुरुषार्थ।
हुए महान सभी तब, तजे जब अपना स्वार्थ।।
'जयज' हो दृढ़-प्रत्यज्ञ, मन में रख हौसला चल।
आज ही करना सब, कभी न ये आएगा कल।।

चाँद से पूछो कभी, दुनिया भर की बात।
सूरज क्यों चमकता है, क्यों होती है रात।।
क्यों होती है रात, टिमटिमाते जो तारे।
करते होते बात, सुंदर धरा के सारे।।
'जयज' झुकाता शीश, कर अपनी माँ को याद।
अपनी धरा महान, परिक्रमा करता चाँद।।

श्रद्धांजलि अर्पित है, तुम्हें देश के पूत।
लड़ता जो निर्भीक हो, कहते उसे सपूत।।
कहते उसे सपूत, जो कभी हार न माने।
अपनी जान से बढ़, अपने देश को जाने।।
'जयज' झुकाता शीश, भर आँसुओं की अंजुलि।
'ताज' का शौर्य स्मृति, अर्पित है श्रद्धांजलि।।

52. छत के कमरे

पापा ने,
पेट की आग,
जरूरत की चीजों पर न खर्च कर,
अपने मन को मार,
पहनने-ओढ़ने की इच्छाओं को दफन कर,
अपने रात-दिन के खून-पसीने की कमाई से,
नित्य की जरूरत को पूरा करने के बाद,
बचे हुए पैसों को जोड़ते हुए,
बनवाए थे दो छोटे से प्यारे कमरे।

वह कमरा मात्र नहीं था हम बच्चों के लिए,
हमने जून की गर्मी में एक-एक ईंट को
प्यार से संभालते हुए दिया था मिस्त्री को
अपने छोटे हाथों से,
पानी भर-भर लाए थे नीचे से,
तब कहीं जाकर बने थे वह छत के दो कमरे।

वह कमरे दुनिया के सबसे उँचे कमरे थे
हिमालय से भी ऊँचे,
उसमें आते ही हमारी हर चीज ऊँची हो जाती थी,
ऊँची शान,
ऊँचे ख्वाब,
और ऊँचा दिमाग।

फिर पापा ने बिजली के तार खिंचवाए,
और जगमगा उठा प्यारा कमरा,
और फिर कुछ दिन बाद,
बड़े अंटीने के साथ टेलीविजन भी आ गया,
फिर क्या कहने थे -
हम तो आसमान में उड़ रहे थे।

होता भी क्यों न,
आखिर वे इकलौते कमरे जो ठहरे,
पूरे गाँव में छत के ऊपर।

53. बेर और केर

फटे अंगों को लेकर
हाँफता सा सुस्ताता हूँ,
हवा आज तुम भी साथ दे रही हो,
जाने मेरे किस अपराध के लिए,
तार-तार होकर
रक्त-रंजित हो गया शरीर,
तब भी छूटता नहीं साथ तुम्हारा

बिच्छू के डंक मारने पर
क्या ऋषि ने छोड़ा था साथ ?
गरल के डर से क्या चंदन के छोड़ा था साथ ?

दूध के लिए रोता बच्चा,
रोटी के लिए रोती गरीबी,
भ्रष्टाचार से लड़ती जनता ।
कब किसने छोड़ दिया है साथ - सभी तो जी रहे हैं,
काँटे की चुभन,
बिच्छू के जहर,
और भ्रष्टाचार के साथ ।

मैं भी साथ नहीं छोड़ूँगा,
ऐसे ही जीता रहूँगा, लड़ता रहूँगा,
अंग-अंग और दिल में टीस लिए ।

54. देश के दुश्मनों

संभलो !
देश के अंदर ही पैदा हुए
देश के दुश्मनों,

जलते भारत के
गर्मी से प्रस्फुटित
कोपलों की शीतलता में
भस्म हो जाएगा
माँ को जकड़े
भ्रष्टाचारी,
स्वार्थी,
वीभत्सयी क्रूर हाथ।

धर्म की आड़ में उगे
नोचने-खाने की
अधर्मी खूनी ललक,

उसकी विरलता में ही
विलीन हो जाएगी सभी
सघन अमानवीय क्रीड़ाएँ

संभलो !
देश के दुश्मनों,
बचोगे नहीं तुम।

55. वह प्याज नहीं खाता

मैं थैले में आलू और प्याज डालता हूँ
और चल देता हूँ
उखड़ी-बिखरी फुटपाथ के सहारे ।

अपने घर की तरफ लौटते हुए
रास्ते में टकरा जाता है पैर
बेसुध पड़े एक फुटपाथिए से,
आलू और प्याज बिखर जाता है
उसके शरीर के आसपास,

मैं उठाने के लिए हाथ बढ़ाता हूँ
पर एकाएक आँख खुल जाती है उस महामानव की
और थम जाता है मेरा हाथ
चिपककर मेरे शरीर से।

वह एक नजर मुझे देखता है,
उठने की कोशिश करता है,
पर उठ नहीं पाता ।

फिर उसकी नजर टिक जाती है आलू के ऊपर
और वह आलुओं को भींच लेता है अपने सीने से
अगले ही पल उसके दाँत बाहर निकलते हैं,
और खाने लगता है आलुओं को,

मैं चाहता हूँ छीन लेना आलुओं को,
पर हाथ सिर्फ काँप के रह जाते हैं
मैं सिर्फ देखता रहता हूँ उसकी गर्दन को
जहाँ से सरकता महसूस हो रहा है
गले से होकर जाते आलू के कदम।

मैं थोड़ी देर बैठा देखता रहता हूँ
फिर मेरी आँखें झपकने लगती हैं
और मैं उठकर चल देता हूँ।

प्याज वह नहीं खाता।

56. धरती के अंकुर

तुम ही तो हो
धरती के अंकुर,

बैलों के पीछे
हल को पकड़े
धरती के गर्भ में बीजों को बोते।

तुम्हारा पसीना ही है
जिससे सोंधी होती है माटी की महक,
तुम्हारे आत्मविश्वास के ही फूल
खिले होते हैं नई-नई फसलों में,
तुम्हारे मन की ऊष्मा ही है
गर्मी देती दानों को पकने में,
जब तुम निहारते हो
अपने खेतों को प्यार से
तभी हरियाली आती है उसमें।

और बादल,
बादल भी तभी बरसना शुरू करते हैं,
जब सूखते खेत देखकर
तुम्हारे अंदर बादल उमड़ते हैं।

57. तोड़ा जा रहा है कोयला

गंदे,
फटे कपड़ों में
लिपटा बच्चा दौड़ता जाता है
पतली लकड़ी सी टाँगों के सहारे,
चाय की केतली और कपों में घुला
अपने माँ-बाप के प्यार के एहसास को
दूर छोड़ता हुआ।

फूँकते हुए अँगीठी के धुएँ में
निरंतर उड़ती जाती है उसकी जिंदगी
और निकलती जाती है दूर ....बहुत दूर।

जब वह
चाय में घोलता है चीनी,
उसे एहसास होता है
कि उसकी जिंदगी घुलती जा रही है
लोगों की कपों में।

जब उसका मालिक उसे डाटता है,
तो वह जानता है कि
तोड़ा जा रहा है कोयला
भट्टी को नई आँच देने के लिए।

58. पत्थरों!

पत्थरों!
तुम बेजान नहीं होते
तुम हँसते हो तो
नदी के किनारे खिल उठते हैं,
मुस्कुरा उठते हैं समुद्र के तट।

समुद्र की लहरों का
तुमसे टकराना और फिर मोतियों में बिखरना
जितना सुंदर होता है,
उससे कहीं अधिक सुंदर
तुम्हारी खिलखिलाहट होती है,
जो उनके टकराने से निकलती है।

मैं जानता हूँ,
जब तूफान आता है
तब तुम भी लहरों संग रोती हो,
और जब पक्षियों के घोंसले
गिर जाते हैं वृक्षों से टूटकर,
तब तुम भी बिलखने लगती हो पक्षियों संग।

लोग उपमा देते हैं
तुम्हारे कठोरपन की
आदमी के न पिघलने वाले दिल से।
मगर मैं जानता हूँ

तुम कठोर होकर भी
कठोर नहीं होती,
तुम पिघलती हो
तभी चकिया, सिल-बट्टे बनते हैं,
तुम पिघलती हो
तभी बाँध और घर बनते हैं
तुम पिघलती हो तभी मूर्ति और मंदिर बनते हैं।

तुम पिघलती हो तब,
जब आदमी ले जाना चाहता है
भगवान मानकर अपने घर।

तुम कठोर नहीं थे तब भी
जब मनुष्य सभ्य नहीं था,
और कठोर नहीं हो अब भी
जब मनुष्य सभ्य नहीं रहा।

59. परछाई

कई बार पहचान नहीं पाता
अपनी परछाई,

पराई सी लगती है साथ चलती हुई,
छोड़ जाती है साथ
घुप्प अँधेरे में।

अक्सर
सभी लोग छोड़ जाते हैं साथ,

थोड़ा अँधेरा आने पर ही
लगने लगता है कि
छोड़ा जा रहा है साथ,
नजरों से बचते हुए धीरे-धीरे।

लेकिन जब एकाएक
आ जाता है अँधेरा
तो एकाएक ही गायब हो जाती है,
परछाई और लोगों का समूह।

कितना साम्य है परछाई और लोगों में,
दोनों तभी तक साथ होते हैं
जब तक जीवन में होता है उजाला,
फर्क,

बस इतना
परछाई का अस्तित्व
शरीर पर पड़ते प्रकाश से होता है,
और लोगों की समूह संख्या
निर्भर करती है
धन के उजाले पर।

सच,
परछाई ही होती है
लोगों का अपने आगे-पीछे होना,
और गायब हो जाना
उजाले के छटते ही।

60. तस्वीर में हँसते पिता

तस्वीर में हँसते पिता,
अब कितने मौन से हो गए हैं,
गर्मी, वर्षा, जाड़ों में,
कोई फर्क नहीं पड़ता उन पर।

मेरी बहन को आइसक्रीम के लिए रोते देख,
या माँ को गुमसुम देख,
अब उनके चेहरे पर एक सिकन भी नहीं होती
यह देखकर भी
कि आज चुक गया है चावल
महीने की सत्ताइस तारीख को ही।

कितने मुक्त से हो गए हैं पिता,
मैं जानता हूँ
हँसते न थे कभी,
बस एक मुस्कान सी होती थी
होंठों के बीच,
परिवार के बारे में या
मेरी नौकरी या
माँ की बीमारी के बीच
हल्के से पसीज कर उभरती हुई।

लेकिन यह हँसी,
वह हँसी नहीं थी
जो तस्वीर में मौजूद है,
माँ ने एक दिन बताया था,
छोटी बहन के पूछने पर कि
जादू कर दिया था
फोटोग्राफर ने उसे दिन।

61. सोंधी-सोंधी रोटियाँ

माँ,
बहुत याद आती है
तुम्हारे हाथ की पोई
सोंधी-सोंधी रोटियाँ,

मैं जानता हूँ माँ
ऐसे नहीं सोंधी होतीं थीं
तुम्हारे हाथ की पोई रोटियाँ,
तुम अपने पेट की आग से बचाकर
आँसुओं से गूथती थी आटे को,
अपने सूखते तन को जलाती हुई
सेंकती थी
ममता की स्नेहमयी तवे पर,
तब कहीं जाकर बनतीं थीं
सोंधी-सोंधी रोटियाँ।

मैंने यहाँ खाई है
कइयों के हाथ की पोई रोटियाँ,
पर यहाँ की रोटियाँ
सोंधी नहीं होतीं माँ,
घायल कर-कर जाती है
मेरी जीभ, आँत और आत्मा।

सच माँ,
ऐसे में बहुत याद आतीं हैं
तुम्हारे हाथ की पोई
सोंधी-सोंधी रोटियाँ।

62. लड़की फिर भूलेगी रास्ता

लड़की,
फिर भूलेगी रास्ता,
फिर जलेंगीं
उसके सपने की फसलें,
सच्चे प्यार के धोखे में
मान बैठेगी वह,
किसी भोले युवक को
अपना सब कुछ
उसके अंदर छिपे
हवशीपन को न जान।

आगोश में खोई आँखें,
उस वक्त खुलेंगीं,
जब सामाजिक मान्यताओं और
इज्जत की डोर में बँधा
तन-मन लुट चुका होगा।

लड़की,
फिर कोसी जाएगी
माँ-बाप, भाई,
आस-पड़ोस
और फिर शहर द्वारा।

लड़की बिन सावन बरसेगी
आँगन के कोने,
माँ की आँखों,
और बाप की छाती से।

लड़की,
उस वक्त लड़की नहीं रहेगी
जब लौट जाएगा रिश्ता
घर की ड्योढ़ी तक आकर।

लड़की फिर भूलेगी रास्ता
किसी भोले युवक को
अपना सब कुछ सौप।

www.ingramcontent.com/pod-product-compliance
Lightning Source LLC
Chambersburg PA
CBHW050530240926
51846CB00003B/768
9789375436294

आप के लिए

मेरी भावनाएँ

अनिल कुमार 'जयज'

BookLeaf Publishing
India | USA | UK